VENTE

Le Mercredi 15 Avril 1908

HOTEL DROUOT, SALLE N° 7

à 2 heures 1/2

TABLEAUX MODERNES

AQUARELLES

Pastels, Dessins, Gravures Modernes

EXPOSITION PUBLIQUE

Le Mardi 14 Avril 1908, de 2 heures à 6 heures

COMMISSAIRE-PRISEUR	EXPERT
Mᵉ MOTEL	**M. L. MOLINE**
22, rue Chauchat, 22	18, rue Laffitte, 18

CONDITIONS DE LA VENTE

La vente sera faite au comptant.

Les adjudicataires paieront *dix pour cent* en sus des enchères.

Paris.—Imp. de l'Art, Ch. Berger et Cⁱᵉ, 41, rue de la Victoire

DÉSIGNATION

PEINTURES

BAUDRY (Paul)

1 — *Courtisane.*

BODMER

2 — *Le Matin.*

BONVIN

3 — *L'Encrier.*

BOUDIN

4 — *L'Écurie.*

CALS

5 — *Les Sœurs.*

CARVALLO (S.)

6 — *Bruges-la-Morte.*

DECAMPS (Attribué à)

7 — *Rue d Alger.*

DIAZ (Genre de)
8 — *La Clairière.*

DUMARESQ
9 — *Artillerie en manœuvre.*

ÉCOLE MODERNE
10 — *Femme en prières.*

ÉCOLE MODERNE
11 — *Tête de Femme.*

FAUSTIN-BESSON
12 — *Diane.*

GUIGNARD
13 — *L'Orage.*

HEREAU
14 — *La Seine à Honfleur.*

MANCHINI
15 — *Buste de Femme.*

MICHEL (Attribué à)
16 — *La Butte-aux-Moulins.*

— 3 —

PILLE (Henri)

17 — *L'Escalier.*
    Timbre de la vente.

ROUSSEAU (Philippe)

18 — *Les Lapins.*

VOGLER

19 — *Coin de Paysage à Vernouillet.*

VOGLER

20 — *Un Coin de Bouquery (Dordogne), en hiver.*

VOGLER

21 — *Paysage avec effet de neige.*

VOGLER

22 — *Printemps à Vernouillet.*

VOGLER

23 — *Les Meules.*

VOLLON (Antoine)

24 — Copie du groupe central de l'*Embarquement pour Cythère.*

AQUARELLES, PASTELS

DESSINS, ETC., ETC.

BOUDIN

25 — *L'Écurie.*
   Aquarelle.

BRIL

26 — *Paysage.*
   Dessin.

CARAN D'ACHE

27 — *L'Indemnité de guerre.*
   Aquarelle.

CHÉRET (JULES)

28 — *Dessin.*

CHÉRET (JULES)

29 — *32 Dessins pour le commerce.*

DECAMPS

30 — *Étude de ciel.*
   Pastel.

DELACROIX (Attribué à)

31 — *Étude.*
Dessin.

DELACROIX (Attribué à)

32 — *Étude.*
Dessin.

DELACROIX (Attribué à)

33 — *Étude de Lion.*
Dessin rehaussé.

ÉCOLE FRANÇAISE

34 — *Portrait de Femme assise.*
Dessin gouaché.

ÉCOLE MODERNE

35 — Sous ce numéro, plusieurs dessins.

ESPAGNAT (GEORGES D')

36 — *Gens d'armes.*
Croquis à la plume.

FAIVRE (ABEL)

37 — *Le Prisonnier.*
Dessin.

FRÈRE (TH.)

38 — *Paysage d'Orient.*
Dessin.

GUYS (Constantin)

39 — Sous ce numéro, plusieurs dessins.

HELLEU

40 — *Femme à sa toilette.*
   Dessin rehaussé de pastel.

HELLEU

41 — *Délassement.*
   Dessin rehaussé.

HELLEU

42 — *Étude de Femme sur un canapé.*
   Dessin rehaussé.

HELLEU

43 — *Tête de Femme.*
   Dessin rehaussé de pastel.

HELLEU

44 — *Femme sur un canapé.*
   Dessin, crayons de couleurs.

HELLEU

45 — *Femme sur un canapé.*
   Crayon.

HEREAU (Jules)

46 — *Le Marché aux chevaux.*
Dessin.

HERVIER

47 — *La Plage.*
Aquarelle. Timbre de la vente Giacomelli.

HERVIER

48 — *Maisons normandes. 1847.*
Mine de plomb.

MICHEL (Georges)

49 — *Les Moulins.*
Aquarelle.

PROUDHON (Genre de)

5o — *Maternité.*
Dessin rehaussé.

RAFFET (Genre de)

51 — *A Bord.*
Dessin aquarellé.

STEINLEN

52 — *Les Grévistes.*
Dessin et autographe de BRUANT.

STEINLEN

53 — *Le Choléra.*
Dessin et autographe de BRUANT.

TEN CATE

54 — *La Tamise.*
Pastel.

WILLETTE (A.)

55 — *La Nouvelle Année.*
Crayon noir.

WILLETTE (A.)

56 — *La Folie.*
Crayon bleu.

WILLETTE (A.)

57 — *Étude de bras.*
Crayon.

WILLETTE (A.)

58 — *L'Amour en province.*

WILLETTE (A.)

59 — *Le Sérum de la tuberculose.*

WILLETTE (A.)

6o — *La Course d'automobiles.*

WILLETTE (A.)

6i — *Le Trottin.*

WILLETTE (A.)

62 — *Étude de bras.*
Crayon.

EAUX-FORTES

LITHOGRAPHIES

ESTAMPES, REPRODUCTIONS, ETC., ETC.

CLÉMENT (Jean-Jacques)

63 — *Danse espagnole.*
Eau-forte en couleur.

COROT

64 — *Souvenir d'Italie.*
Gravure.

LEGROS (Alphonse)

65 — *Le Manège.*
Eau-forte originale.

MILLET (J.-F.)

66 — *Le Bûcheron et la Mort.*
Gravure.

MONET (Claude)

67 — *Les Régates.*
Reproduction en couleur.

REMBRANDT

68 — Plusieurs héliogravures, d'après ses eaux-
fortes, dans un cadre.

RIBOT (Th.)

69 — *La Descente de la Croix.*
Eau-forte originale.

RIBOT (Th.)

70 — *La Paysanne.*
Eau-forte en couleur.

VEBER (Jean)

71 — *Le Boucher Bismarck.*
Eau-forte en couleur.

72 — Objets non catalogués.